Ursel Scheffler

Loewe

Leselöwen Weihnachts- geschichten

mit Bildern von Jutta Timm

CIP-Titelaufnahme der Deutschen Bibliothek

Scheffler, Ursel:
Leselöwen-Weihnachtsgeschichten / Ursel Scheffler.
10. Aufl. – Bindlach: Loewe, 1990
(Leselöwen)
ISBN 3-7855-1983-4

ISBN 3-7855-1983-4 – 10. Auflage 1990
© 1984 by Loewes Verlag, Bindlach
Umschlag: Jutta Timm
Satz: Leingärtner, Nabburg
Gesamtherstellung: Bercker, Kevelaer
Printed in Germany

Ein Pantoffel
für den Nikolaus

Es klingelt. Nils läuft zur Tür. Aber Viktor
überholt ihn. Er bellt wie verrückt.

„Haltet den Hund fest!" ruft die Mutter
aus der Küche.

Jenny läuft Viktor nach und packt ihn am
Halsband. Nils macht die Tür auf. Draußen
steht der Postbote mit einem Paket.

„Von Oma!" ruft Nils. „Darf ich's auspak-
ken?"

7

„Da steht doch groß *Erst an Weihnachten öffnen* drauf", sagt Jenny.

„Schade", sagt Nils und krault Viktor hinter den langen Schlappohren.

Drei Monate ist der Spaniel erst alt. Aber trotzdem ist er schon sehr schlau, findet Nils. Wenn ein Fremder sich der Tür nähert, dann bellt Viktor wie ein Höllenhund. Aber wenn Papa abends nach Hause kommt, dann steht Viktor hinter der Tür, schnuppert, wedelt mit dem Schwanz und bellt kein bißchen. Sobald Papa hereinkommt, springt Viktor an ihm hoch. Wenn er nicht als erster begrüßt wird, zerrt er an den Schuhbändern. Nützt auch das nichts, rennt er los und holt Papas Pantoffeln.

Viktors Gebell hat Niki aus dem Mittagsschlaf geweckt. Mit dem Teddy unterm Arm kommt er schläfrig angetapst.

„Niki, du sollst doch noch schlafen", mahnt die Mutter.

„Nils und Jenny schlafen auch nicht", sagt Niki.

„Nils und Jenny sind schon groß!" sagt die Mutter.

„Niki ist auch groß", sagt Niki und stellt sich auf die Zehenspitzen. Dann sieht er sich neugierig um und fragt: „Hat der Mikilaus geklingelt?" Niki sagt immer Mikilaus statt Nikolaus. Davon läßt er sich nicht abbringen.

„Nein, es war der Postbote", sagt Nils.

„Aber heute ist doch Mikilaustag", beharrt Niki.

„Er kommt erst, wenn es dunkel ist", sagt Jenny.

„Oder überhaupt nicht", sagt die Mutter.

„Warum?" fragt Nils enttäuscht.

„Weil ihr alle schon so groß seid", sagt die Mutter.

„Ich bin noch ganz klein", sagt Niki.

„Na, wir werden ja sehen", sagt die Mutter und bringt das Paket weg.

Nils und Jenny basteln. Niki zieht sich an. Dann macht er Weihnachtsplätzchen aus Knete. Der ganze Tisch klebt schon.

Plötzlich sagt er: „Babsi hat gesagt, es gibt überhaupt keinen Mikilaus."

Nils und Jenny werfen sich fragende Blicke zu.

„Wenn er kommt und dir was bringt, dann gibt es ihn doch, oder?" fragt Jenny.

„Zu Babsi isser nicht gekommen", sagt Niki.

„Der ganz echte Nikolaus von früher, der war ein Bischof in der Stadt Mira. Das ist ganz weit weg", erklärt Nils.

„Deshalb braucht er immer so lang, bisser kommt", sagt Niki.

Draußen wird es finster. Da poltert es plötzlich vor der Tür.

„Der Mikilaus!" ruft Niki und springt auf Jennys Schoß.

Es rumpelt und pumpert. Man hört eine Glocke bimmeln.

„Aufmachen!" ruft eine tiefe Stimme.

Nils hält Viktor fest. Jenny hält Niki fest. Die Mutter macht auf.

Da kommt der Nikolaus ins Zimmer. Er stellt seinen Sack auf den Boden. Dann schlägt er sein dickes Buch auf. Was da nicht alles drinsteht!

Viktor beeindruckt das gar nicht. Er springt am Nikolaus hoch. Er knabbert an seinen Schuhbändern. Als der Nikolaus ihn nicht beachtet, schleppt er Vaters Pantoffeln an. Der Nikolaus ist ein bißchen verwirrt. „Laß das!" schimpft er halblaut. Da läuft Viktor weg. In einer Ecke zerknabbert er Vaters Pantoffel. Keiner bemerkt es, denn jetzt bindet der Nikolaus den Sack auf.

Für jeden hat er ein Päckchen, sogar für Viktor. Es ist lang und schmal. Viktor schnuppert kurz daran. Dann rupft er das

Papier in kleine Fetzen. Eine Bockwurst ist drin – das hat er gleich gerochen!

Tja, Hunde haben eine feine Nase . . .

Fränzi,
unser Weihnachtsbraten

Bei uns gab es zu Weihnachten nie Gänsebraten. Mein Vater mochte kein Geflügel. Dafür bekamen wir einen Hasenbraten von Onkel Leo. Der hatte einen Bauernhof in Hasbach.

Bis ich sechs wurde, war es mir egal, was es Weihnachten zu essen gab. Dafür war alles andere viel zu aufregend! Aber dann war es mir nicht mehr egal. Das kam so:

Es schneite vier Tage hintereinander.

„Wollen wir nicht die neuen Schier ausprobieren?" schlug mein Vater vor.

Wir beschlossen, ein Stück mit der Bahn zu fahren und dann eine Schiwanderung zu Onkel Leo und Tante Lina zu machen.

Es war wunderschön. Der Schnee glitzerte in der Sonne. Weil es die meiste Zeit bergab ging, glitten die Schier ganz leicht dahin. Der Erlensee war zugefroren. Wir konnten quer darüberlaufen.

„Gut schaut ihr aus!" sagte Tante Lina, als wir mit roten Backen bei ihr eintrafen. Sie bewirtete uns mit Kakao und selbstgebackenem Apfelstrudel.

„Wollt ihr ihn gleich mitnehmen?" fragte Onkel Leo, als wir uns verabschiedeten.

„Im Rucksack?" fragte mein Vater.

„Na klar! Ich fahre euch schnell zur Bahn. Es wird bald dunkel."

Ich begriff immer noch nicht, worum es ging. Erst als Onkel Leo den Stallhasen hereinbrachte und in Papas Rucksack steckte, hielt ich die Luft an. Schlagartig wurde mir klar, daß ein Zusammenhang bestand zwischen den kleinen Häschen, die ich im Frühjahr streichelte, und dem Stück Fleisch, das Weihnachten neben dem Knödel auf meinem Teller lag.

Auf der ganzen Rückfahrt sagte ich kein Wort.

Zu Hause holte Vater den alten Meerschweinchenstall vom Boden. Da setzte er den Hasen hinein. Ich nannte ihn Fränzi und fütterte ihn jeden Tag mit Möhren und Salat. Auf Weihnachten freute ich mich diesmal kein bißchen.

Als wir uns vor der Bescherung an den festlich geschmückten Tisch setzten, schloß ich die Augen.

„Was ist denn das?" fragte mein Vater,

als meine Mutter die dampfende Schüssel auf den Tisch setzte.

„Dampfnudeln. Deine Lieblingsspeise. Oder nicht?"

Es hat uns allen köstlich geschmeckt.

Und Fränzi? Der saß quicklebendig unterm Weihnachtsbaum – in einem neu gezimmerten Stall. Es war das schönste Weihnachtsfest, an das ich mich erinnern kann.

Papa kauft den Weihnachtsbaum

„Den Weihnachtsbaum kaufe *ich,* wie jedes Jahr", sagt Papa. Immer, wenn Mama fragt: „Wann holst du den Baum?" antwortet Papa: „Morgen!"

Endlich ist es soweit. Nils darf mit. Sie fahren zum Markt und sehen sich einen Baum nach dem anderen an.

„Schon ziemlich ausgesucht", findet Papa. Sie fahren zum Platz an der Kirche.

„Die Bäume sind zu teuer", sagt Papa.

Sie fahren zum Platz neben der Post.

„Die Bäume nadeln ja schon", sagt Papa.

„Wenn Sie frische und billige Bäume wollen, müssen Sie sie aus dem Wald holen. Die Genehmigung bekommen Sie beim Forstamt", rät eine alte Frau. Sie kauft einen Baum im Blumentopf.

„Das ist eine gute Idee", sagt Papa.

Papa und Nils fahren zum Forstamt. Der Förster erklärt ihnen genau, wo sie den Baum schlagen dürfen.

„Ich habe eine kleine Axt im Auto", sagt Papa.

Dann stapfen Nils und Papa mit der Axt durch den verschneiten Wald.

„Der ist schön!" ruft Nils. Er bleibt vor einem Baum stehen, der fast so groß ist wie der Papa.

„Für den brauchen wir eine Säge", sagt Papa.

Sie fahren zurück bis zum nächsten Haushaltswarengeschäft und kaufen eine Säge.

Als sie wieder vor dem Baum stehen, sagt Nils: „Viel zu schade zum Zersägen. Findest du nicht?"

„Du meinst, wir sollten ihn ausgraben?" fragt Papa.

„Und nach Weihnachten wieder eingraben", fällt ihm Nils ins Wort.

„Dazu brauchen wir einen Spaten", stellt Papa fest.

Als er im Geschäft den Spaten bezahlt, überlegt er, daß sie eigentlich auch einen Schlitten brauchen. Ein Baum mit Wurzel ist schwer. Der Weg vom Baum zum Auto ist ganz schön weit.

„Und noch diesen Schlitten hier!" sagt Papa kurzentschlossen zum Verkäufer.

„Au fein", freut sich Nils.

„Frisch und billig", murmelt der Papa und wirft einen Blick in den Geldbeutel. Die Summe, die er für den Weihnachtsbaum vorgesehen hatte, ist längst aufgebraucht.

Nils und Papa müssen ganz schön schuften, weil der Boden halb gefroren ist.

„Eigentlich brauchen wir noch eine Hacke", sagt der Papa. Aber dann schaffen sie es auch so. „Hau ruck! Da wackelt er schon! Gleich haben wir ihn!" ruft Papa und wischt sich den Schweiß von der Stirn.

Sie binden den Baum auf dem Schlitten fest und ziehen ihn so zum Auto. Leider paßt er nicht in den Kofferraum.

„Wir binden den Schlitten mit dem Baum hinten am Auto fest", schlägt Nils vor.

„Dann müssen wir langsam den Waldweg entlangfahren. Da liegt Schnee", sagt

Papa. „Und den Hasenberg – den müssen wir hinunterrodeln."

„Warum?" fragt Nils.

„Weil uns sonst der Schlitten mit dem Baum in den Auspuff fährt."

Am Hasenberg parkt Papa das Auto. Als Nils und Papa auf dem Schlitten sitzen, hat der Baum nur noch senkrecht Platz. Papa

klemmt ihn sich zwischen die Knie. Dann geht es los. Erst ganz langsam. Dann immer schneller. Durch den Baum kann Papa nicht richtig sehen. Und der Baum sieht den Baum auch nicht, der da plötzlich im Weg ist.

„Halt!" schreit Nils.

Es kracht. Nils spürt Tannennadeln im Mund und landet irgendwo im Schnee. Papa liegt auf der anderen Seite und hat den Weihnachtsbaum im Arm. Der hat ihn beim Aufprall geschützt. Aber sein Daumen blutet.

„Gebrochen! Der Daumen muß in Gips!" sagt der Arzt.

Als sie nach Hause kommen, fragt die Mutter: „Na, habt ihr den Baum?"

„Frisch und billig", sagt der Papa.

„Und eine Säge, einen Spaten, einen Schlitten und einen Gipsdaumen haben wir auch mitgebracht", sagt Nils.

Eine Maus und ein Lied

Nina, die Feldmaus, huschte an den Ufern der Salzach entlang. Es war bitter kalt. Alle Mauselöcher waren zugefroren. Sosehr Nina auch kratzte und scharrte, sie kam nirgends hinein.

Sie beschloß, ins Dorf zu laufen. Auch die Häuser der Menschen waren von Schnee bedeckt. Aber drinnen war es warm.

Irgendwo werde ich schon hineinschlüpfen, dachte die Maus. Und sie hatte Glück.

Gerade als sie an der Dorfkirche vorbeikam, öffnete sich die Tür. Der Pfarrer kam heraus. Er war in Gedanken mit seiner Weihnachtspredigt beschäftigt. So bemerkte er gar nicht, wie die kleine Maus zwischen seinen Füßen hindurchhuschte. Gewissenhaft schloß er die Tür hinter sich zu.

Nina war froh, daß sie ein Dach über dem Kopf hatte. Als sie sich ein wenig ausgeruht hatte, verspürte sie schrecklichen Hunger. Sie suchte überall nach etwas Eßbarem. Aber die Sankt-Nikolaus-Kirche von Oberndorf hatte weder eine Küche noch eine Speisekammer. Schließlich fand Nina ein paar Brotkrümel neben der Orgelbank. Der Organist, ein Lehrer aus dem Nachbardorf, brachte sich immer etwas zu essen mit.

Von den drei Krümeln wurde Nina aber nur noch hungriger. Sie suchte weiter. Dann schnupperte sie hinter der Orgel herum. Da roch es gar nicht schlecht. Das war doch Leder? Na, besser als gar nichts. Nina knabberte und knabberte. Als der Mäusebauch voll war, kuschelte sie sich in eine Ecke und schlief ein.

Am nächsten Morgen setzte sich der Lehrer ahnungslos auf die Orgelbank. Er wollte in Ruhe die Lieder für den Weihnachtsabend einüben. Er setzte den Fuß auf das Pedal. Er drückte die Tasten. Er lauschte angestrengt. „Pffft", machte die Orgel. Sonst nichts. Es klang wie ein Seufzen. Dann kam kein Ton mehr.

„Die Orgel ist kaputt!" rief der Lehrer erschrocken.

In diesem Augenblick kam der Pfarrer in die Kirche. Er wollte seinem Freund beim Spielen zuhören.

„Die Orgel ist kaputt!" rief ihm der Lehrer entgegen.

„Ausgerechnet jetzt! So kurz vor Weihnachten!" sagte der Pfarrer. Und dann untersuchten sie gemeinsam die Orgel. Sie gingen hinter das Pfeifenwerk. Dort waren die ledernen Blasebälge. Die versorgten die Orgel mit Wind, damit die Pfeifen zum Klingen kamen. Da entdeckten sie die Bescherung.

„Die Blasebälge sind zernagt, und zwar gründlich! Das kann nur eine Maus gewesen sein", sagte der Lehrer.

„Wenn ich die erwische", schimpfte der Pfarrer. Er war sehr ärgerlich. „Eine Weihnachtsmesse ohne Musik – das ist doch unmöglich!"

„Wir müssen uns eben etwas einfallen lassen", grübelte der Lehrer. „Wenn wir ein Lied hätten – ein einfaches Lied, das meine Schulkinder mit den Gitarren begleiten könnten . . ."

„Hm", brummte der Pfarrer, „ich habe da ein kleines Gedicht geschrieben." Er zögerte ein bißchen. „Es heißt ‚Stille Nacht, heilige Nacht'. Soll ich es holen?"

Der Pfarrer holte das Gedicht. Der Lehrer las es. Und als er wenig später durch den verschneiten Wald nach Hause lief, fiel ihm bereits eine Melodie dazu ein. Leise summte er sie vor sich hin. Dann holte er seine Schulkinder zusammen. Das Lied war so einfach, daß sie es schnell spielen und singen konnten.

So kam es, daß das Lied „Stille Nacht, heilige Nacht" am Weihnachtsabend des Jahres 1818 zum erstenmal in einem kleinen Dorf in Österreich erklang. Von da aus wanderte es um die ganze Welt. Und schuld daran war eine kleine Maus. Ob sie wirklich Nina geheißen hat, weiß ich nicht. Aber daß der Lehrer Gruber hieß und der Pfarrer Josef Mohr, das weiß ich genau. Doch das haben alle Leute längst vergessen. Geblieben ist nur das Lied. Das kennen alle. Du kennst es sicher auch.

Vielleicht singt ihr es auch am Weihnachtsabend? Und vielleicht spielt in der Kirche die Orgel dazu – falls nicht eine Maus den Blasebalg durchgenagt hat . . .

So eine Bescherung

Vor Weihnachten begegnen dem Briefträger meist frohe Gesichter. Aber als er bei
Frau Reiman klingelt, macht sie ein trauri-
ges Gesicht.

„Soviel Post, und da freuen Sie sich
nicht?" fragt er. Er drückt ihr vier Karten
und zwei Briefe in die Hand.

„Mein Hansi ist tot", seufzt Frau Reiman.
„Da werd' ich morgen den Weihnachtsabend ganz allein verbringen müssen . . ."

Jetzt fällt es auch dem Briefträger auf, daß das fröhliche Gezwitscher fehlt, das sonst in der Diele zu hören war.

„Das tut mir aber leid", sagt er und ist nun selbst traurig. Er weiß nicht recht, wie er die alte Frau trösten soll. Außerdem muß er weiter. Seine Tasche ist ganz schwer von Postkarten und Briefen, die er alle noch vor dem Fest austragen soll.

Aber dann hat der Briefträger eine Idee. Er erzählt einigen Nachbarn von dem Unglück, das Frau Reiman getroffen hat.

„Vielleicht muntern Sie sie ein bißchen auf?" sagt er zu Frau Peters, zu Herrn Petsch, zu Fräulein Meister, zu Frau Pfaff, zu Herrn Rottner und zum stupsnasigen Klaus im dritten Stock rechts.

Und weil die Nachbarn von Frau Reiman besonders nette Nachbarn sind, fällt der Rat auf fruchtbaren Boden. Jeder überlegt, wie er der alten Frau eine Weihnachtsfreude machen kann. Und seltsamerweise kommen alle auf die gleiche Idee.

Der Tierhändler an der Ecke staunt jedenfalls nicht schlecht über die heftige Nachfrage nach Wellensittichen mit türkisblauem Bauch.

Und Frau Reiman staunt erst! Denn am Weihnachtstag klingelt es unaufhörlich.

Erst wünscht Herr Rottner ein frohes Fest. Er überreicht ein kleines Päckchen mit Luftlöchern. Frau Reiman nimmt es behutsam in die Hand. Sie ahnt, was darin ist, und bedankt sich herzlich. Zwar ist es nicht ihr Hansi! Aber der schöne große Käfig hat wieder einen Bewohner.

Dann klingeln noch Frau Peters, Fräulein Meister, Frau Pfaff und Herr Petsch. Sie haben ebenfalls jeder ein Päckchen mit Luftlöchern in der Hand. Und weil Frau Reiman ihnen die Freude am Freudeschenken nicht nehmen will, hütet sie sich zu sagen, daß der Hansi schon einen, nein mehrere Nachfolger gefunden hat.

Als letzter kommt der stupsnasige Klaus. Er hat ganz rote Backen vom Laufen und

strahlt übers ganze Gesicht, als er Frau Reiman gleich *zwei* Päckchen in die Hand drückt.

„Ich wünsch' ein frohes Fest! Und damit der neue Hansi sich schneller eingewöhnt, haben wir ihm gleich einen Spielkameraden dazugekauft!"

„Du glaubst gar nicht, wie ich mich freue!" sagt Frau Reiman. Und es klingt so fröhlich, weil sie sich nicht nur über die Vögel freut, sondern über die vielen lieben Menschen, die an sie gedacht haben.

„Wie gut, daß ich noch einen ganzen Sack voll Vogelfutter habe", sagt sie, als sie vor dem Käfig steht. Sieben „Hansis" sitzen fröhlich zwitschernd auf den Stangen.

Sie füllt Wasser in die kleinen Trinkschalen und sagt: „Wenn ihr euch vertragt, dann behalte ich euch alle!"

Als der Briefträger nach den Feiertagen vorbeikommt, hört er wieder fröhliches Gezwitscher bei Frau Reiman. Da weiß er, daß er mit seiner Idee Erfolg gehabt hat.

„Sie haben wohl einen neuen Vogel bekommen?" erkundigt er sich ein bißchen
scheinheilig.

„Einen?" sagt Frau Reiman und lacht.
„Gleich sieben! Das war vielleicht eine Be-
scherung! Kommen Sie doch und sehen
Sie sich die Bande mal an!"

Lena wartet aufs Christkind

Endlich ist der Heilige Abend da! Das heißt, eigentlich ist es erst Nachmittag, und die Zeit vergeht ganz, ganz langsam.

Lena wartet aufs Christkind. Sie sieht aus dem Fenster. Die Straßen sind fast menschenleer.

Im Park an der Ecke spielen zwei Jungen und ein Mädchen im Schnee.

Aber nichts auf der Welt lockt Lena heute nach draußen! Viel zu aufregend ist die knisternde Spannung zu Hause: das verschlossene Wohnzimmer, das Rascheln von Papier, das Klirren von feinem Glas, das heimliche Huschen und Flüstern.

„Ich brauche einen Schraubenzieher!" ruft Papa plötzlich.

Wozu in aller Welt braucht er jetzt einen Schraubenzieher? Lena holt ihn. Als sie an der Küche vorbeikommt, riecht es nach Zimtsternen und Mandarinen. Mama richtet gerade die „bunten Teller" her.

Als Lena den Schraubenzieher bringt, zieht Papa gerade ein großes Paket ins Zimmer. „Willst du wohl gleich wieder verschwinden!" ruft Papa, als er Lenas neugierige Blicke bemerkt.

Lenas Herz hüpft vor Freude. Das ist doch der Beweis, daß das Paket für sie bestimmt ist, oder nicht?

Während Lena am Fenster vor sich hin träumt, wird es draußen dunkel. Im Giebelhaus gegenüber geht das Licht an. Frau Bachmann kommt ans Fenster. Lena winkt. Aber die alte Frau bemerkt sie nicht.

Sie zieht die Gardine zu. Doch die hakt und
reißt an einem Ende aus. Frau Bachmann
holt einen Stuhl und steigt hinauf. Da . . .
Lena stockt vor Schreck der Atem . . . fällt
die alte Frau plötzlich vom Stuhl.

Hoffentlich ist nichts passiert, denkt
Lena. Bestimmt steht sie gleich wieder auf!

Aber nichts rührt sich. Lena sieht nur die
halb heruntergerissene Gardine.

„Mama! Papa!" ruft Lena und rennt zum Wohnzimmer. „Schnell! Die alte Frau Bachmann . . ." Hastig erzählt sie, was passiert ist.

„Wir müssen nachsehen", sagt die Mutter und bindet die Schürze ab.

„Ich komme mit", sagt der Vater.

Lena läuft hinter ihnen die Treppe hinunter. Sie klingeln bei Bachmann, aber niemand macht auf. Sie klingeln bei den Nachbarn.

„Ich glaub', die sind über Weihnachten verreist", sagt Lena.

Lenas Vater klettert über das Gittertor in den Hof. Die Hintertür ist ebenfalls verschlossen. Aber sie hat ein Glasfenster. Der Vater zögert einen Augenblick, dann schlägt er es ein. Jetzt kann er die Tür von innen entriegeln.

Inzwischen sind auch Lena und ihre Mutter da.

„Wie ein gelernter Einbrecher", staunt Mama.

Aber da stürmt der Vater schon die Treppe hoch. Er klopft an die Tür, doch er hört nur ein leises Stöhnen.

„Ich brech' die Tür auf, und du holst den Krankenwagen", sagt er zu seiner Frau. Er braucht mit seinen kräftigen Schultern nur heftig dagegenzudrücken, da springt das Schloß aus dem morschen Holz.

Frau Bachmann liegt auf dem Boden neben dem Fenster. Das linke Bein ist unnatürlich abgeknickt. Sie kann sich nicht bewegen, weil auch die Rippen höllisch schmerzen.

„Ich wollte nur – die Gardine . . ." stammelt sie und will sich aufrichten.

„Bleiben Sie um Himmels willen ruhig liegen. Vermutlich ist das Bein gebrochen. Meine Frau verständigt schon den Krankenwagen!"

Endlich kommen die Sanitäter. Sie bringen Frau Bachmann ins Krankenhaus.

Wenig später sitzt Lena unter dem Tannenbaum. Sie packt ihre Geschenke aus und sagt plötzlich: „Eigentlich sollten wir mit Frau Bachmann Weihnachten feiern. Bestimmt ist sie traurig. Und ganz allein ist sie auch."

Lenas Eltern finden, daß das eine gute Idee ist.

Kurz darauf machen sie sich auf den Weg ins Krankenhaus. Es schneit. Lena findet, Papa sieht in seinem Fellmantel wie ein echter Weihnachtsmann aus. In Mamas Korb liegen ein paar Päckchen, Kerzen und Zutaten für den „bunten Teller".

Lena hat Tannenzweige unter dem Arm. Aufgeregt hüpft sie neben den Eltern her.

„So eine Überraschung!" ruft Frau Bachmann, als die drei in der Tür stehen. Für einen Augenblick vergißt sie die Schmerzen in ihrem Bein.

„Frohe Weihnachten!" sagt Lena. Sie legt die Zweige auf den Tisch und zündet die Kerzen an. Zum ersten Mal spürt sie, daß Schenken genauso aufregend sein kann wie beschenkt werden.

Das Krippenspiel

Tobi ist unheimlich aufgeregt. Heute sollen sie das Krippenspiel aufführen! Vorne vor dem Altar in der Kirche. Vor lauter fremden Leuten!

Dabei ist bei den Proben dauernd etwas schiefgegangen. Einmal hat die Maria geweint, weil sie den Anfang nicht mehr wußte. Dann haben die Hirten gedrängelt und gerauft, weil jeder vorne stehen wollte. Die Hirten rauften eigentlich immer. Es war die halbe Fußballmannschaft, bloß anders angezogen.

„Trink Tee, das beruhigt!" sagt Oma. Sie bringt eine dampfende Teekanne. Oma hat für alles einen Tee. Für Bauchweh, für Halsweh, fürs Traurigsein.

Tobi trinkt schon die dritte Tasse Beruhigungstee. Aber er ist immer noch aufgeregt.

„Wir müssen los. Seid ihr fertig?" ruft der Vater und klimpert mit den Autoschlüsseln.

Alle sind so fein angezogen. Und da soll man sich nicht aufregen? Tobi nimmt sein langes weißes Gewand. Und wo sind die Flügel? Nirgends kann er die Flügel finden. Er hat sie doch aufs Bett gelegt! Tobi beginnt vor Aufregung zu schwitzen. Oder ist es vom Tee?

„Tobi!" ruft der Vater. Es klingt schon etwas ungeduldig.

„Ich kann meine Flügel nicht finden!" ruft Tobi.

„Die sind schon im Kofferraum!" sagt der Vater.

Endlich ist es soweit. Sie kommen gerade noch rechtzeitig. Die Orgel spielt das erste Lied. Dann ziehen die Krippenspieler in die Kirche ein. So ist es ausgemacht.

Die Engel tragen brennende Kerzen. Tobi ist der erste. Er ist der wichtigste Engel im himmlischen Chor. Ganz alleine muß er „. . . und Frieden auf Erden und den Menschen ein Wohlgefallen" singen. Ist es ein Wunder, daß er so aufgeregt ist?

Zunächst sieht alles gut aus. Alle singen gemeinsam. Maria weiß den richtigen Anfang. Josef ist ein bißchen erkältet. Seine Stimme klingt ganz tief. Die Hirten beginnen wieder zu boxen. Es ist ziemlich eng zwischen dem Altar und dem Weihnachtsbaum.

Tobis Einsatz kommt immer näher. Da verspürt er ein Kribbeln im Bauch. Und nicht nur das. Er muß mal raus! Ganz dringend! Omas Tee . . . Drei Tassen sind zuviel gewesen.

Tobi hört gar nicht mehr richtig hin. Wenn er sich an der Wand entlang nach draußen schleichen würde? Vielleicht käme er gerade noch rechtzeitig zurück! Aber da stehen dicht gedrängt die Leute. Unmöglich durchzukommen! Verzweifelt sieht sich Tobi nach einem Fluchtweg um.

Ach, wenn ich doch fliegen könnte! denkt der wichtigste Engel im himmlischen Chor.

„Ich halt' es nicht mehr aus!" murmelt er plötzlich entschlossen und will sich davonstehlen.

Aber da bekommt er von einem kleinen Engel einen Rippenstoß: „Du bist dran, Tobi!"

Der Einsatz ist zaghaft. Aber dann singt Tobi mit fester Stimme. Jetzt ist ihm alles egal. Was ist schon eine nasse Hose im Vergleich zu einer tragenden Rolle im himmlischen Chor?

„So schön hast du bei den Proben nie gesungen!" sagt die Maria hinterher. Aber Tobi hört es kaum. Er drängt zum Ausgang.

„Nach Hause, schnell!" sagt er zu seinem Vater.

Als sie im Auto sitzen, schnuppert die Mutter und fragt: „Sag mal, was riecht da . . . hast du . . ."

Tobi nickt. Er sagt: „Omas Tee! Drei Tassen. Das beruhigt vielleicht!"

Da müssen alle lachen. Und als der wichtigste Engel im himmlischen Chor wieder Tobi heißt und trockene Hosen anhat, lacht er erleichtert mit.

Auf dem Weihnachtsmarkt

Jan und Eva gehen mit ihrer Mutter auf den Weihnachtsmarkt. Obwohl es erst Nachmittag ist, wird es schon dunkel. In den hell erleuchteten Buden sind Spielsachen und allerlei Weihnachtsschmuck ausgestellt. Ein Mann, der Zwetschgenmännchen verkauft, macht lustige Sprüche. Wenn er redet, dampft es aus seinem Mund, so kalt ist es.

Immer mehr Menschen schieben sich durch die engen Budenstraßen. Es duftet nach Bratwürsten und gebrannten Mandeln. Vor der Kirche stellt sich eine Kapelle auf und spielt Weihnachtslieder. Augen, Ohren und Nasen sind beschäftigt, alle Eindrücke aufzunehmen.

„Wo ist Mama?" fragt Jan plötzlich.

„Weg!" ruft Eva erschrocken.

Überall sind nur fremde Mäntel, Beine und Taschen. Die Kinder stecken mitten in der Menschenmenge, die sie immer weiterschiebt.

„Mama!" ruft Jan.

„Mama!!!" ruft Eva und fängt an zu weinen.

Eine alte Frau wird auf sie aufmerksam. Sie begreift schnell, was passiert ist.

„Kommt mit zur Krippe", sagt sie und zieht die Kinder mit sich. „Hier findet euch eure Mutter am ehesten. Als ich klein war, haben wir uns auch immer hier verabredet, wenn wir uns verloren hatten."

„Hoffentlich findet uns Mama wirklich", sagt Jan und kämpft tapfer mit den Tränen.

„Alle Wege über den Markt führen einmal an der Krippe vorbei", sagt die alte Frau.

Jetzt wird eine Lücke frei, und die Kinder können in die Weihnachtskrippe hineinsehen, die unter einem großen Strohdach aufgebaut ist.

„Seht ihr die drei Könige mit den Kamelen? Die hatten sich auch verlaufen. Dann hat ihnen ein Stern den Weg zum Stall von Betlehem gezeigt."

„Was haben sie in ihren Händen?" fragt Eva.

„Sie bringen dem Christkind Geschenke mit."

Und dann erzählt sie den Kindern von der abenteuerlichen Suche der Könige nach dem Christkind und wie sich alle freuten, als sie es endlich gefunden hatten. Sie erzählt von Hirten, Schafen, Ochs und Esel und von den Stimmen der Engel in der Höhe.

Gebannt hören die Kinder ihr zu. Eva vergißt ihre Tränen, Jan seine Angst.

Zum Schluß sagt die Frau: „Das allerschönste Geschenk liegt in der Krippe."

„Das Christkind", sagt Jan.

„Es ist Gottes Geschenk für uns", sagt die alte Frau. „Viele Menschen vergessen das, weil sie so damit beschäftigt sind, Geschenke zu kaufen."

„Eva! Jan! Da seid ihr ja! Gott sei Dank!" ruft plötzlich eine vertraute Stimme. Die Mutter drängt sich durch die Menge. Sie drückt die Kinder an sich und sagt: „Mein Gott, ich wußte schon gar nicht mehr, wo ich euch suchen sollte!"

„Bei der Krippe! Da führen alle Wege vorbei. Das hat die alte Frau gesagt. Sie hat uns Geschichten erzählt . . ." sprudelt es aus Jan hervor.

Aber als sich die Kinder umsehen, um sich bei der alten Frau zu bedanken, ist sie längst in der Menge verschwunden.

Opa Wolle

Opa Wolle steht in der Küche und wäscht ab. „Weihnachten ist schließlich ein Tag wie jeder andere", brummt er und stellt die sauberen Teller in den Schrank.

Dann geht er ins Wohnzimmer. Sein Blick fällt auf den kleinen Weihnachtsbaum. Eigentlich hat er ihn gar nicht kaufen wollen. Aber jetzt freut er sich doch darüber.

Zwei Pakete stehen davor. Eines von seinem Sohn Felix. Es kommt aus Amerika.

Das andere ist von Tom und seiner Familie. Sie sind mit den beiden Jungen in den Weihnachtsferien beim Schifahren.

Nur von Gerti ist nichts gekommen. Kein Wunder. Sie hat kurz vor Weihnachten ein Baby zur Welt gebracht. Nathalie – ein Weihnachtsmädchen!

Aber schreiben hätte sie doch können! Sicher ist sie noch ein bißchen schwach. Bestimmt wird sie anrufen – seine Gerti!

Eigentlich hab' ich sie den Jungen immer ein bißchen vorgezogen, überlegt Opa Wolle. Er schmunzelt und denkt an Weihnachten, wie es früher war. Jetzt hat sein kleines Mädchen selbst ein kleines Mädchen. Wie die Zeit vergeht!

Eigentlich ist er noch nie allein gewesen am Heiligen Abend. Er hat ihn immer bei einem der Kinder verbracht, seit Oma tot ist. Weshalb ist er nur auf einmal so traurig?

Er macht die Pakete auf. Er freut sich über die selbstgebackenen Plätzchen, über das Fotoalbum mit den Bildern, über die Baste-

leien der Enkelkinder und über die bild-
schöne neue Pfeife.

Die werd' ich gleich einrauchen, denkt er
und setzt sich in den Sessel. Das Telefon
hat er mitten auf den Tisch gestellt. Direkt
neben den Weihnachtsbaum. Es gehört zu
seiner Bescherung dazu. Denn anrufen
wird sie doch wenigstens, seine Gerti!

Die Pfeife schmeckt ihm nicht recht.

Er stellt das Radio an. Nachrichten. Nun, schließlich ist es ein Tag wie jeder andere. Er hört eine Glatteismeldung. Wie gut, daß er nicht raus muß!

Dann spielen sie die alten Weihnachtslieder. Wieder muß Opa Wolle an früher denken. Auf einmal fühlt er sich einsam. Ganz einsam. Eine Träne rollt über seine Backe. Ärgerlich wischt er sie weg und brummt: „Stell dich nicht so an, Alter! Weihnachten ist ein Tag wie jeder andere. Kapiert?"

Dann wandert sein Blick zum Telefon.

Es ist schon spät. Ich werd' ins Bett gehen, denkt er.

Da klingelt es. Er will nach dem Hörer greifen. Es klingelt noch einmal, heftiger. Jetzt merkt er erst, daß es die Türglocke ist. Er springt auf und wirft dabei die Keksdose um. Wer da wohl klingelt? Um diese Zeit? Der Telegrammbote vielleicht?

Schon ist Opa Wolle an der Tür.

Draußen stehen ein Mann und eine Frau mit einem Kind im Arm.

„Das Glatteis – wir haben es nicht schneller geschafft", sagt eine vertraute Stimme.

„Mein Gott, Gerti!" sagt der alte Mann. Und einen Augenblick lang ist ihm, als sei die Heilige Familie persönlich bei ihm zu Weihnachten eingekehrt.

Inhalt

Für Leseanfänger
Leselöwen-Geschichten

Für Leselöwen
★ *Loewes Bücher* ★